ISBN-13: 978-3-926341-99-0
ISBN-10: 3-926341-99-8

1. Auflage 5.2013

IG-Wolfsberg · 72202 Nagold
www.schoerle.de
www.BBVerlag.com
www.99tueren.de
Druck: Anrop LTD Israel

Armgard Schörle
Text und Konzept

Hajo Schörle
Titelgestaltung, Schriftgrafik, Kalligraphie, Bildkompositionen
Bild- und Kunst Urheber Nr. 412 646

99 Türen zu dir

Text: Armgard Schörle
Gestaltung und Kalligraphie: Hajo Schörle

99

Türen zu Dir

„Man muss den Dingen
die eigene, stille, ungestörte Entwicklung lassen,
die tief von innen kommt
und durch nichts gedrängt
oder beschleunigt werden kann.
Alles ist austragen -
und dann gebähren.

Reifen wie ein Baum,
der seine Säfte nicht drängt
und getrost in den Stürmen des Frühlings steht,
ohne Angst,
dass dahinter kein Sommer kommen könnte.

Er kommt doch!

Aber er kommt zu den Geduldigen,
die da sind, als ob die Ewigkeit vor ihnen läge,
so sorglos still und weit.

Man muss Geduld haben
mit dem Ungelösten im Herzen
und versuchen, die Fragen selbst lieb zu haben,
wie verschlossene Stuben,
wie Bücher,
die in einer sehr fremden Sprache geschrieben sind.

Es handelt sich darum, alles zu leben!
Und wenn man auch die Fragen lebt,
lebt man vielleicht allmählich,
ohne es zu merken,
eines fremden Tages,
in die Antworten hinein.“

Rainer Maria Rilke
in einem Briefwechsel mit Franz Xaver Kappus
am 23.04.1903

Früher war ich oft ungeduldig. Fragen waren dazu da, beantwortet zu werden. Die „richtige Antwort" zu finden war das, was ich spannend fand.

Dann habe ich viele Jahre mit Kindern gearbeitet und selbst zwei Söhne bekommen. Ich war beeindruckt davon, was für interessante Fragen sie stellen konnten. Sie schienen über einen unerschöpflichen Fundus zu verfügen und konnten sich oft lange und genussvoll an einer einzigen Frage aufhalten.

Dadurch veränderte sich etwas. Die Antworten rückten in den Hintergrund und die Fragen selbst wurden immer spannender. Ich entdeckte, dass es Fragen gab, die Altvertrautes in neuem Licht erscheinen ließen. Fragen, die unversehens eine neue Richtung aufzeigten oder die Türen öffnen konnten, von denen ich zuvor nicht einmal eine Ahnung gehabt hatte. Plötzlich waren da ganz neue Möglichkeiten. Zu dieser Zeit hat mir eine gute Freundin diesen wunderschönen Text von Rilke geschenkt, in dem er schreibt: „Man muss Geduld haben mit dem Ungelösten im Herzen und versuchen, die Fragen selbst lieb zu haben." (R.M. Rilke)

Ich glaube, Fragen gehören zu uns als Menschen. Sie geben unserer Suche eine Richtung. Das können sehr persönliche Fragen sein, aber auch solche, die das Universum öffnen. Eine gute Frage lässt Raum und legt zugleich eine Spur, der man folgen kann. Sie signalisiert, dass da jemand ist, der Interesse hat, sich Zeit nimmt und offen für Überraschungen ist.

In diesem Sinne wünsche ich viel Freude beim Entdecken!

Armgard Schörle
Schriftstellerin

Gut
woher kommst du?
bist du bereit?

bist du schön?
Glaubst Du an Dich
Glaubst du an Gott?

Ein Freund hat mir einmal erzählt, dass er Tarot-Karten legt, um in schwierigen Lebenssituationen einen Rat zu bekommen. Er sagte mir, dass man auch „die eine, essentielle Frage" stellen kann, auf die man dann von den Karten eine Antwort bekommt.

Eine faszinierende Möglichkeit, dachte ich. Den ganzen Tag über ging mir der Gedanke durch den Kopf und ich versuchte herauszufinden, welche Frage für mich zur Zeit von großer Bedeutung sein könnte. Immer wieder formulierte ich sie um, damit ich auch wirklich die entscheidende Antwort bekommen würde. Je mehr ich mich jedoch um die „richtige" Frage bemühte, desto mehr dachte ich auch über die mögliche Antwort nach. Als ich sie schließlich formulieren konnte, stellte ich erstaunt fest, dass ich die Antwort darauf bereits wusste. Nur weil ich mich auf die Suche nach der Frage eingelassen hatte, hatte ich mich gleichzeitig auf den Weg gemacht, die Antwort zu entdecken.

Ich erkannte in diesem Moment, dass in Wirklichkeit alles in mir selbst liegt: Die Wege, die Lösungen, ebenso, wie das Wissen um meine Aufgaben. Manchmal bedarf es einfach nur der richtigen Frage, um sich auf die Suche zu begeben.

Dieses Buch kalligraphisch zu gestalten hat mir große Freude bereitet. Es hat mir viele Türen geöffnet und neue Wege und Sichtweisen aufgezeigt. Es würde mich freuen, wenn sich dadurch auch für die Leser interessante und neue Blickwinkel ergeben!

Hajo Schörle
Verleger und Grafik-Designer

Warst
du Kind, als
du Kind
warst
?

Gibt es
etwas,
was
du schon
lange gerne
tun
möchtest
?

Bist du frei

?

3

Der große Vogel zieht seine Kreise
über mir. Aus ferner Höhe lässt er
mir seine Frage vor die Füße fallen.

darfst du
SEIN
wer du
BIST?

WER BIST DU?

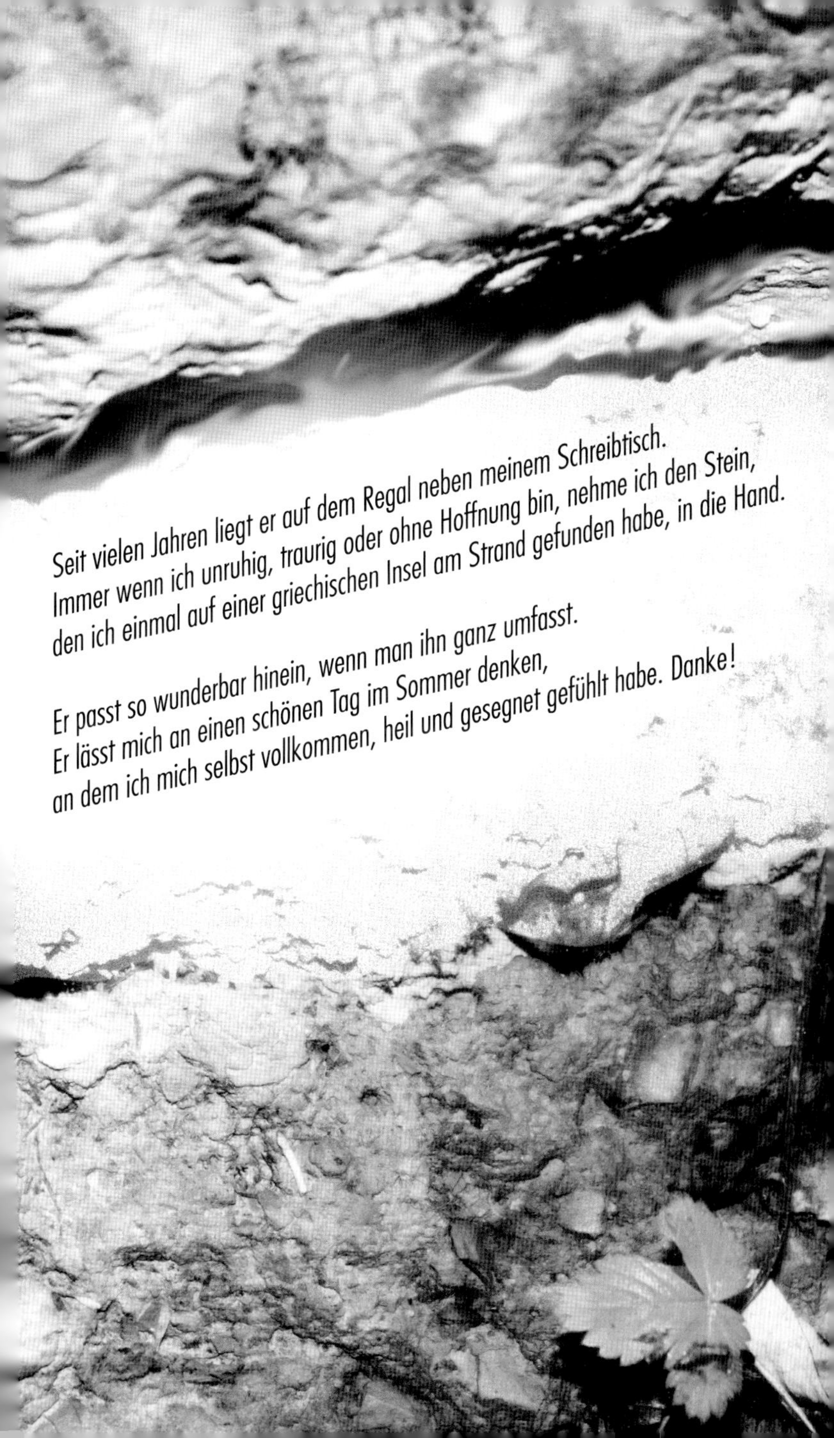

Seit vielen Jahren liegt er auf dem Regal neben meinem Schreibtisch.
Immer wenn ich unruhig, traurig oder ohne Hoffnung bin, nehme ich den Stein,
den ich einmal auf einer griechischen Insel am Strand gefunden habe, in die Hand.

Er passt so wunderbar hinein, wenn man ihn ganz umfasst.
Er lässt mich an einen schönen Tag im Sommer denken,
an dem ich mich selbst vollkommen, heil und gesegnet gefühlt habe. Danke!

¿ bist Du

dankbar

für Dein Leben

?

bist du bereit

?

Woher

kommst

du?

Machst DU Kompromisse?

Es ist früh am Abend, ich sitze in einem kleinen Café und warte auf meinen Zug.
Ein junger Afrikaner steht neben mir an der Theke und diskutiert mit der Bedienung.
„Du musst keine Kompromisse machen," sagt er.
„Klar, im Leben muss man doch ständig Kompromisse machen," entgegnet sie.
„Nein, du musst nicht, aber du kannst dich dafür entscheiden."
„Das ist doch unrealistisch."

Ist es das? Frage ich mich, als ich durch den leisen Nieselregen langsam in Richtung Bahnhof gehe. Ist Kompromisslosigkeit gleichbedeutend mit Freiheit? Oder schränkt sie mich vielmehr ein? Kann man sich noch bewegen, wenn man überhaupt keine Kompromisse macht?

Überrascht stelle ich fest, wie die Frage in mir ihre Wirkung entfaltet, sich ausbreitet, tiefer wandert und mich konfrontiert. Ich beschließe, dieses Buch zu schreiben.

Hast du ein GEHEIM-NIS ?

... warum?

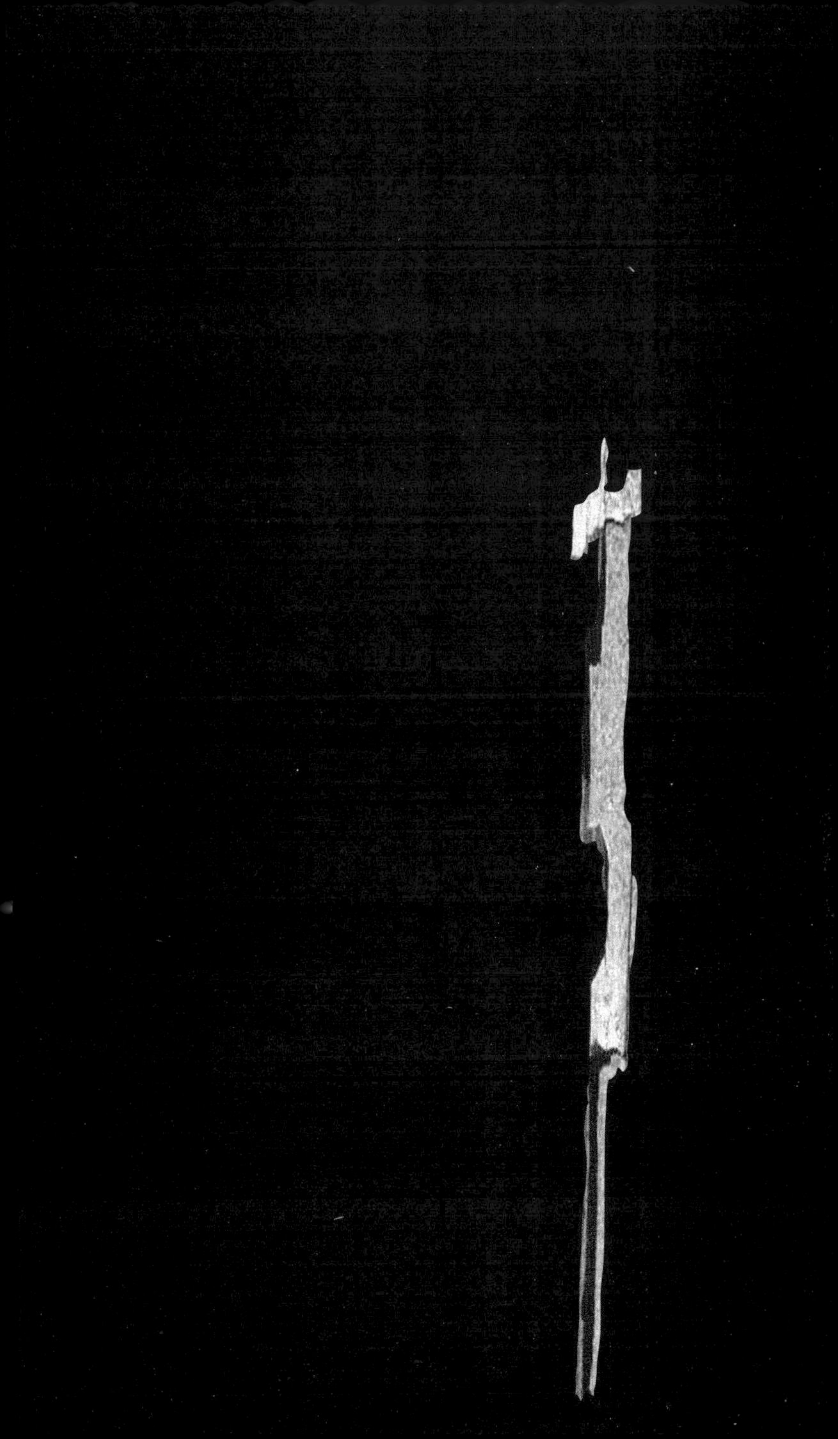

Glaubst du an Gott?

„Das kannst du so nicht fragen,
was soll man denn darauf antworten?"
„Es ist eine gute Frage."
„Wer glaubt denn heute noch an Gott?"
„Darum geht es nicht."
„Wie, du fragst, ob ich an Gott glaube und dann geht es gar nicht darum?"
„Ja!"
„Das ist doch Blödsinn."
„Versuche es. Warte einfach ab, was mit dir passiert, wenn du die Frage auf dich wirken lässt. Es gibt eine tiefere Frage, die dahinter auftaucht."
„Die Frage bleibt also drin?"
„Die Frage bleibt drin!"

Glaubst du an dich?

Kennst du deine GRENZEN?

Gehst du über sie hinaus?

bist
du
Froh?

bist du klug?

WANN
HAST DU
DAS
LETZTE MAL
JEMANDEM
ETWAS
GESCHENKT?

WAS
WAR
DAS?

Was lässt Dich lächeln?

Wer ist in Deiner

Nähe?

Denke nicht darüber nach,
sondern schließe für einen Moment
die Augen.

Warte geduldig was sich zeigt
und sei offen für Überraschungen!

WAS MACHT DICH traurig?

Wohin gehst Du?

Seit wann bist du unterwegs?

MAGST
DU
DEINE
Augen
?

bist du REICH?

fürchtest du dich vor dem Sterben ?

Hast Du einen Liebesbrief bekommen?

…. du kannst jemandem einen schreiben :)

Gibt es
einen
MENSCHEN
den du
gerne um
Verzeihung
bitten würdest
?

Wer ist dein Vater?

Hast Du ein inneres BILD Deiner MUTTER ?

„Da erkannte sie ihre Mutter, so deutlich, als würde sie ihr lächelnd gegenüber sitzen. Sie hatte vergessen gehabt wie schön sie war. Ihre Mutter stand auf und nahm sie in den Arm. Lange, ohne ein Wort zu sprechen, hielt sie sie nur fest. Da wurde sie von einer warmen Kraft erfüllt."*

* aus „Julie und der Klang des Meeres"

Gibt es Jemanden, dem Du gerne

DANKE

SAGEN WÜRDEST?

Begrenzen Türen Dein Denken?

10

bist du, wer du

SEIN

kannst

?

lachst
du
gerne
?

an wen

denkst

Du?

gibt es
jemanden,
den du
lange nicht
gesehen
hast

?

9. 11
8

möchtest
du
etwas

Sagen

?

fürchtest du dich?

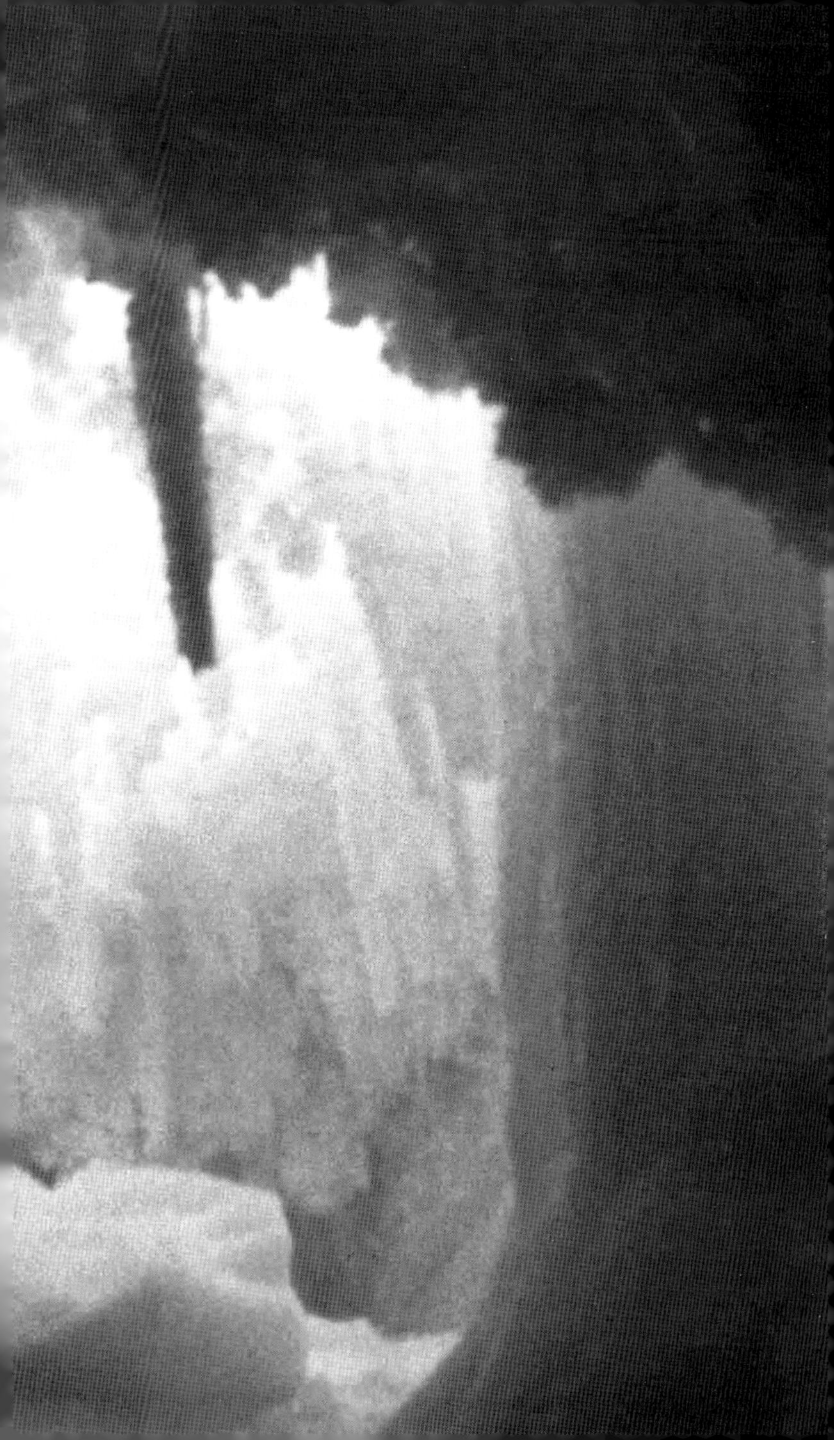

erhebst
du deine
Stimme
?

Liebst

du?

bist du gesegnet ?

darfst Du
tun
was Du
willst
?

Katzenmedizin:
Die Katze liegt auf
dem Fensterbrett in
der Sonne und sieht
mich an.
„Nimm dich nicht zu
ernst, das Leben ist ein
Spiel," sagt sie.
„Gönne dir die Zeit,
dann wenn du sie brauchst,
kämpfe für deine Sache,
wenn die Sache es wirklich
erfordert, bewahre dir deine
Freiheit, tue was du willst, denn
die Verantwortung für dein Leben
kann dir niemand abnehmen."

wartet

JEMAND

auf

DICH?

Ein kleines Mädchen rennt mit ausgebreiteten
Armen durch ein großes Labyrinth.

Es biegt ab, schaut sich um, springt lachend
um die nächste Ecke und ruft: „Ich hab´s fast
geschafft, ich bin gleich da!"

Als sie um die nächste Ecke gehen will, sieht sie,
dass es dort nicht weiter geht.

Sie dreht um, probiert die andere Richtung,
noch einmal rechts, dann zweimal links,
hier müsste es sein.
Nein doch nicht.
Aber hier, hier geht's weiter!

Freude am fast erreichten Ziel,
Angst vor dem sich verirren vermischen sich
und lassen das Mädchen unsicher werden.

Dann fällt ihr ein, dass am Eingang ja ihre
Eltern auf sie warten und mutig geht sie weiter.

bereust
du
etwas
?

Was brauchst du?

Singst
du
?

Was wünscht sich dein Herz

?

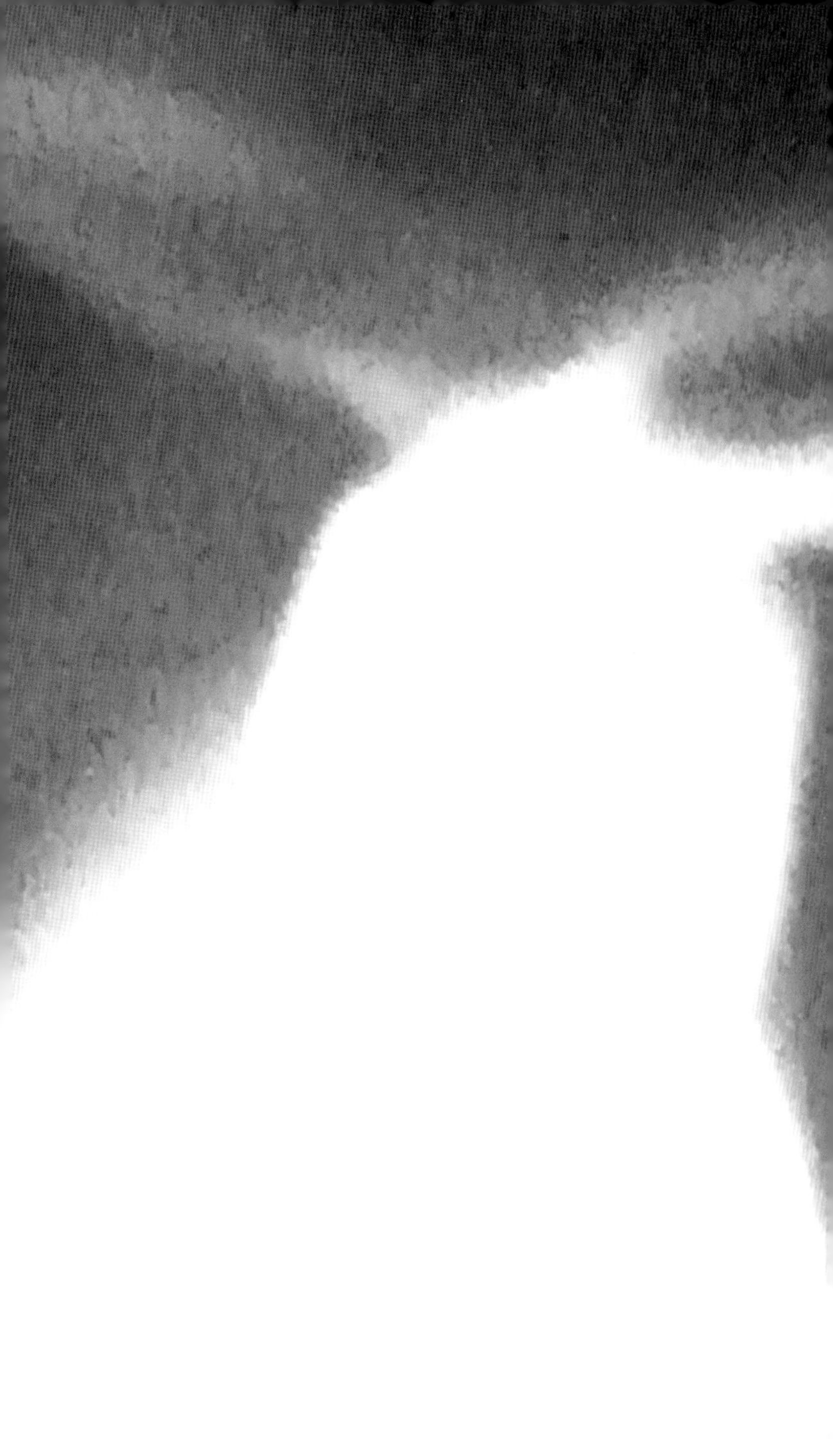

träumst Du ?

gehst
Du
voraus ?

Nimm dir Zeit,
dich für einen Moment irgendwo hinzustellen.
Stehe dort ganz ruhig und schließe
kurz die Augen.
Beobachte dich selbst.
Was für ein Impuls ist es,
der dazu führt,
dich wieder in Bewegung zu setzen?

Hast Du magische Kräfte?

die Magie . Worte
. Magie . Stimme .
Magie . Bewegung
. die Magie . Be-
rührung . die Ma-
gie . Bilder . die
Magie . Imagina-
tion . die Magie
. Ausstrahlung .
die Magie . An-
ziehung . die Ma-
gie . Tiefe . die
Magie . Leichtig-
keit . die Magie
. Farben . Formen
. die Magie . Au-
gen . die Magie
. Erwachen . die
Magie . da-sein

hast du
schon einen
Menschen
erkannt
?

Hast
Du
Zeit
?

Stell dir vor, du liegst in einer warmen Sommerblumenwiese. Über dir, am tiefblauen Himmel, hängen vereinzelte, watteweiße Wolken. Ein Grashalm kitzelt dich in der Nase, es riecht nach würzigen Blüten und warmer Erde.
Stell dir vor, jemand legt sich neben dich
und fragt: hast du Zeit?

was erwartest du ?

Vollkommenheit
ist
immer schon
da.

läufst
du
barfuß
?

Gibt es eine Frage,

die du dir noch nie gestellt hast

?

bist du unschuldig ?

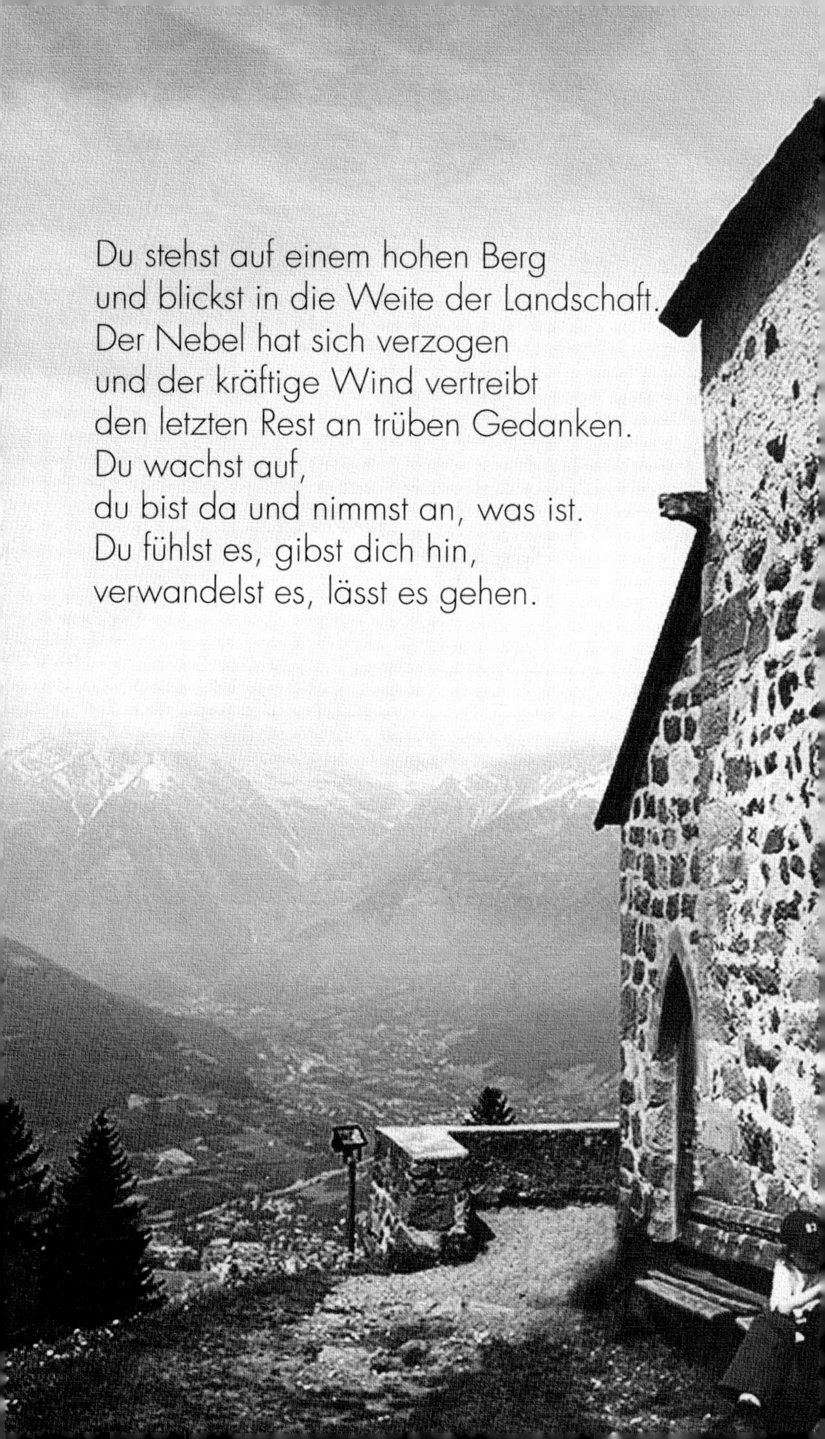

Du stehst auf einem hohen Berg
und blickst in die Weite der Landschaft.
Der Nebel hat sich verzogen
und der kräftige Wind vertreibt
den letzten Rest an trüben Gedanken.
Du wachst auf,
du bist da und nimmst an, was ist.
Du fühlst es, gibst dich hin,
verwandelst es, lässt es gehen.

Kennst du die Dunkelheit?

lebst du
das Leben,
das zu
dir
gehört?

Mit einer leichten Bewegung
schwingt er das Bein
über den Sitz seiner Maschine
und lässt sie kurz aufheulen.

Er fühlt die Wärme des Motors
zwischen den Schenkeln,
legt sich mit ihr in die Kurve,
gibt Gas und verschwindet
hinter dem Hügel.

Bist du großzügig?

gehst du?

Mit verschränkten Armen steht ein Mensch vor einer Brücke. Sie führt auf die andere Seite des Flusses, der tosend darunter hindurch braust.
Der Mensch kann das Ufer auf der anderen Seite sehen, aber er fürchtet sich vor dem Getöse. Die Fluten könnten ihn mitreißen wenn er hinüber geht, die Brücke könnte brechen, ihm könnte schwindlig werden. Plötzlich sieht er auf der anderen Seite ein kleines Kind, es spielt mit einem rot-weiß gepunkteten Ball und winkt ihm zu.
„Es könnte so schön sein dort drüben."
denkt er voller Sehnsucht.

Gibt es
eine Frage,
die Dein

Leben verändert hat?

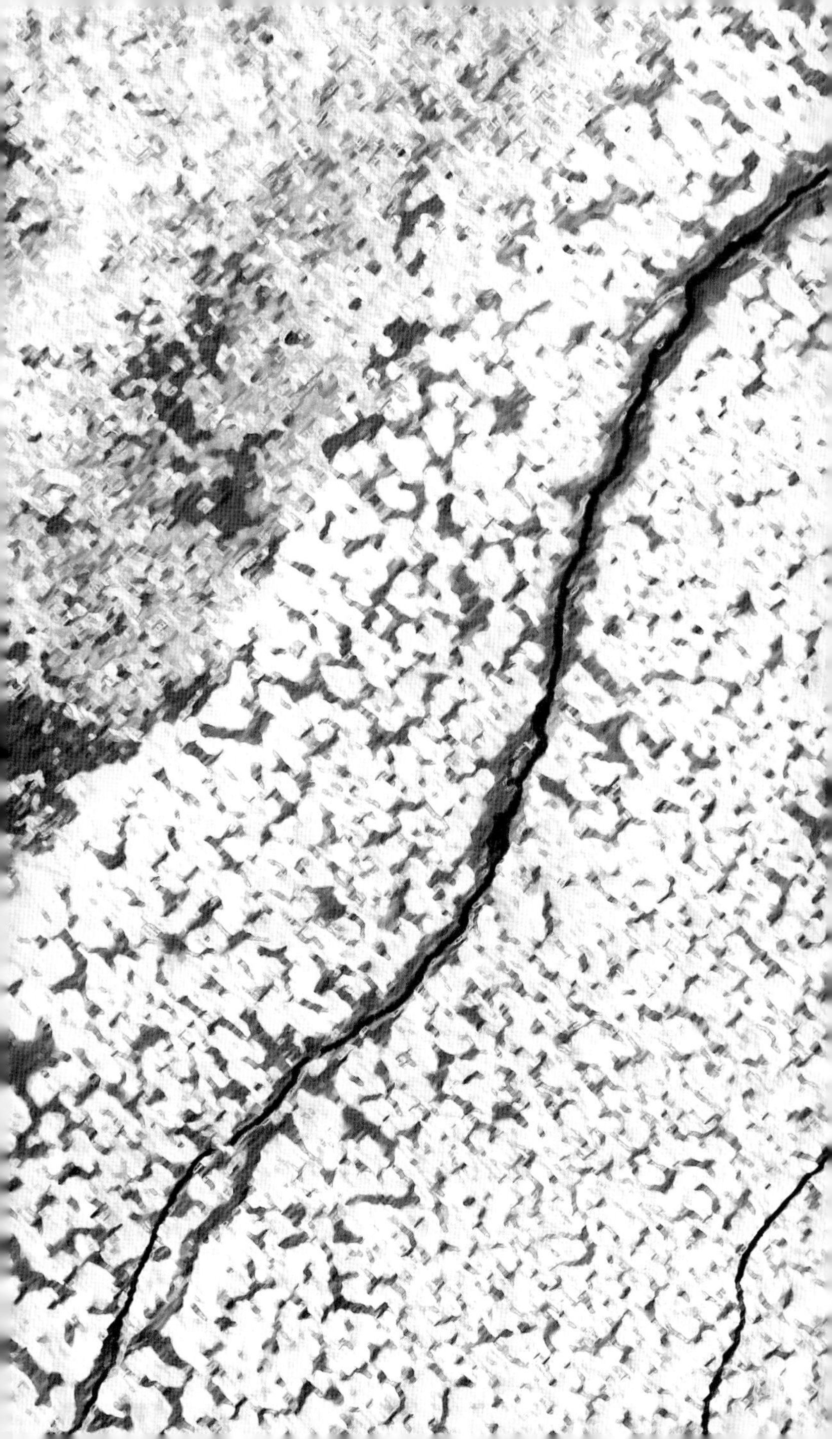

Wovon erzählen deine Tränen?

Meine Tränen holen
Wahrheiten aus Tiefen,
die ich mit meinen Worten
nicht erreichen kann.

wirst

du

gehört

?

Meine Stimme erhebt sich über die Berge und
die Weite der Ebene.
Ich bete zu dir, du blauer Himmel,
du sanfter Wind und du kristallklares
Wasser.
Meine Stimme schwingt wider
in jeder eurer
Bewegungen.

folgst
du
einem
anderen
Weg
?

Kennst du deine Geschichte?

Das kleine Mädchen starrt mich mit weitaufgerissenen Augen an, als ich ihr den Rucksack in die Hand gebe.

„Mehr kann ich nicht für dich tun, du musst jetzt los."

Einen Moment noch bleibt ihr Blick fassungslos auf mich gerichtet, dann macht sie sich ohne weiteren Widerstand auf den Weg.

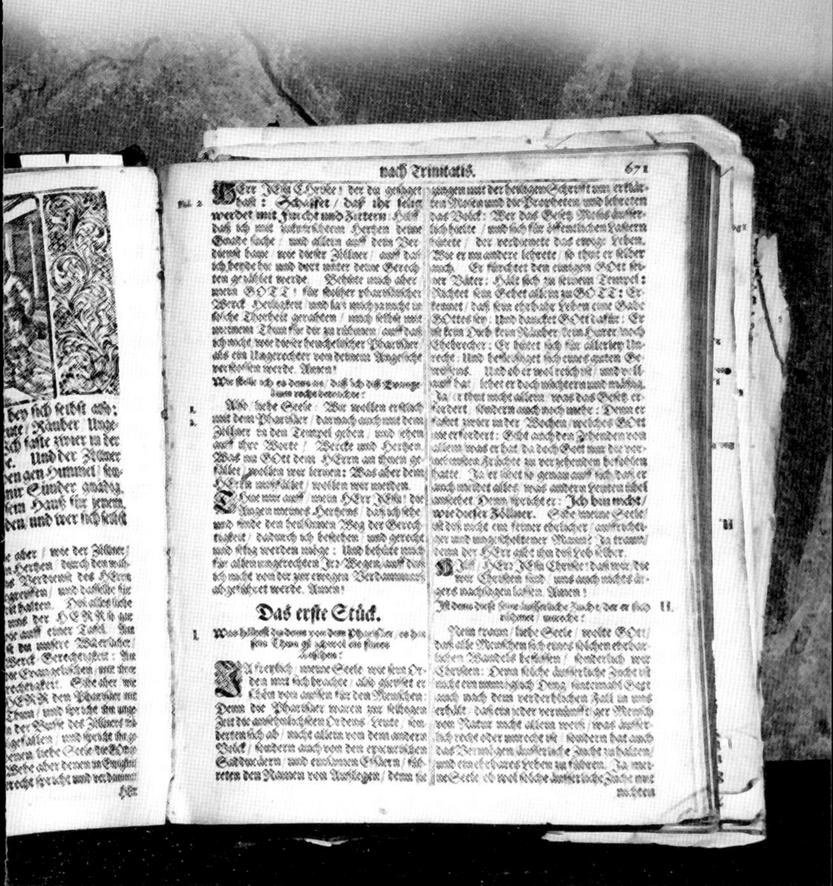

Lässt du dich einladen?

War jemand, den Du kennst, im Krieg?

Achte
die
sichtbaren
und
unsichtbaren
Verletzungen.

ist dein

Weg

gesegnet

?

bist
du
schön
?

Suchst du Fehler?

...warum?

Weiß
jemand,
daß DU
IHN
liebst
?

bist
DU
gesehen
?

Machst du jemanden

froh

?

Kennt jemand DEINE Geschichte?

…s gesagt, habe ich es auch gehört", Anna kam verschl… Küche. Julie und Andrej hatten bereits Tee getrunken und … …m. „Ja, wir haben es auch gemerkt." …spät dran oder seid ihr heute so früh aufgestanden? [illegible]

[illegible]

„Warum eine Reise?"

„…t ganz gewöhnt, dass … [illegible]

…wieder verwenden in den alten … hatte. „Warum nur mache… …h noch schon g… den Orte, von denen wir kommen… das Wasser an sich Heimat ist." Er … …ich weiß nicht, ob wir uns noch ein… …Wasser in der Seele."

…ich erzähle mich mit meinem Vater, er … komme mich kurz besuchen. Vielleicht … …nde des Treffens oder gehen einen. Ich… Andrej lachte leise. „Ob wir uns wohl be… Er hält große Stücke auf dich", Julie … …n, dass wir uns in Zürich begegnet sind… Andrej stand auf und küsste Julies Stirn… …wandte er dabei leise. „Du hast meine … …en. Er ist sicher ein feiner Mensch."

Julie fuhr ihm durchs Haar und lachte. „J… …e, liebe Prinzessin, ich vermisse dich jetz… Bereits im Gehen wandte er sich noch ein… und legte Julie einen Schlüssel auf den Tisch… „Vielleicht hast du Lust, in meiner Wohnu… …ten." Julie nahm den Schlüssel, der von An… und verabschiedete sich."

Andrej wunderte sich über sich selbst, als er … nach unten ging. Er hatte noch nie irgendei… nen besten Freunden, von Freundinnen gan… schlüssel überlassen. Aber das war nicht das … re, dass die Begegnung mit Julie Bereiche und… so gut versteckt hatte, dass sie ihm selbst ganz… Es war nicht so, dass er etwas dagegen gehabt… gewünscht, mit diesen Schätzen in sich ins Re… wurde er unruhig, wenn er daran dachte, wie … kurzer Zeit geworden war. In Momenten w…

bist
du
gern
mit
dir
selbst
allein
?

Der eisige Ostwind pfeift mir um die Ohren.
Zu meiner Linken brechen sich die Wellen der
Nordsee an felsiger Küste.
Ein Stück weiter ein paar struppige Hecken, die
dem Wind aber auch kaum Einhalt gebieten
können.
Der Atem stockt vor Kälte.
„Keine Menschenseele ist bei so einem Wetter
unterwegs, geh zurück."
„Nein, ich gehe weiter."
„Du wirst dir noch eine Lungenentzündung holen."
„Nein, das glaube ich nicht."
„Ehrlich, du bist ein Dickschädel, das gibt´s doch
nicht."
„Ich weiß," kichert es irgendwo tief in mir.

Wo

bist

Du?

hörst

du deine

Seele

sprechen ?

bist du oft
mit dir selbst
allein
?

Als er den Raum endlich gefunden hatte, stellte er überrascht fest, dass dieser fast ganz leer war. In der Ecke stand lediglich eine Lampe, jemand schien vergessen zu haben, sie auszuschalten. Durch die hohen, schmalen Fenster fiel ein Rest Tageslicht. Unentschlossen ging er ein paar Schritte umher.

Mein Gott, wie lange war er nicht mehr hier gewesen! Er konnte sich beim besten Willen nicht erinnern. Aber er erkannte, wie nach und nach, ohne sein Zutun, Frieden einkehrte. Er ließ sich in der Mitte des Raumes nieder.

bist

du

DA

?

Das Flugzeug setzt zum Landeanflug an.
In der Reihe vor mir sitzt ein altes Ehepaar, beide haben sie schlohweißes Haar und ihre Gesichter sind übersät von kleinen Fältchen. Er reicht ihr ein Gepäckstück und flüstert ihr dabei etwas ins Ohr, was sie veranlasst sich umzudrehen.
Die weiße Leinenbluse ist ihr ein bisschen über die Schulter gerutscht und ihre Ausstrahlung und ihr verschmitztes Lächeln lassen mich glauben, sie sei 15.

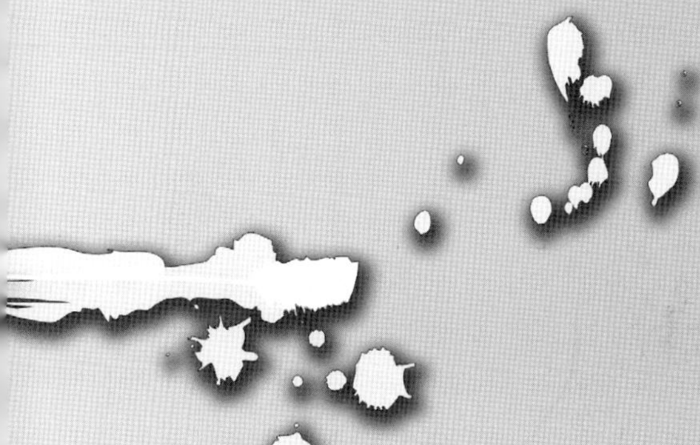

fühlst du dich wohl in dir?

Warst
du in deinem
Leben
schon einmal
am
Meer
?

Die Strasse windet sich schier endlos über
Hügelketten und um Felskanten herum.
Die Luft flimmert vor Hitze.
Es riecht türkis-blau nach Unendlichkeit.
Da! Die letzte Klippe ist überwunden
und es liegt mir zu Füssen:
DAS MEER, DAS MEER!

Steht
dir
Dein
Wissen
zur
Verfügung
?

Frühlingsbach,
kurz nach der Schneeschmelze, in den Bergen.
Tosend und über Steine springend
stürzt sich das klare und eiskalte Wasser in die
Tiefe.
Äste, Steine und Schlammbrocken,
die vom zurückliegenden Winter
das Flussbett versperrt hatten,
werden von der Strömung
erfasst und weggespült.
Der Weg ist frei.

hast
du
dich
verändert
?

Veränderung geschieht ...

Warum schweigst DU?

Vielleicht erinnerst du dich an den Augenblick, in dem du beschlossen hast, zu schweigen.

Liebst
du
deinem
Weg?

Fürchtest
du
das
Nichts?

KENNST DU DEIN TALENT?

„Durch geöffnete
Türen weht ein
sanfter Wind.
Lächelnd hebt er die
alte Last empor und
entlässt sie erleichtert.

Die Kraft findet
zu ihrer Quelle,
die Bewegung
zu ihrem Ursprung.

Und das Licht erkennt sich
selbst im
Samenkorn,
das in dunkler Erde
ruht."

aus
„Julie und der
Klang des
Meeres"

Wann reicht das Leben dir die Hand?

Du hast mir neulich von deinem Kollegen erzählt, dem so überraschend gekündigt wurde und davon, dass du ihn ein paar Tage später spontan Zuhause besucht hast, um zu sehen, wie es ihm geht.
Er hat sich so gefreut, dass man ihn noch nicht vergessen hat, hast du erzählt.
Das hat mich sehr berührt.

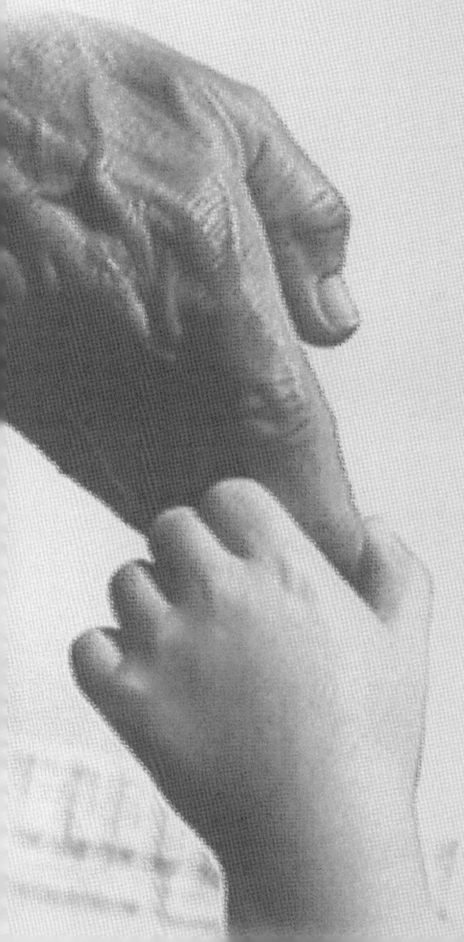

bist
du von
jemandem
erkannt

?

Ihr Kopf ist gesenkt und der Blick ist nach
innen gerichtet.
Ihr Körper jedoch strahlt auf den Betrachter
eine vollkommene Offenheit aus:
bereit, sich berühren zu lassen,
den Wind in den Haaren
und auf der Haut zu spüren,
bereit, alle Geschenke des Lebens
zu empfangen.

liebst du das Licht?

WAS
SIEHST
DU, WENN
DU IN
DEN
SPIEGEL
SCHAUST
?

Stell dir vor, du schaust in den Spiegel
und plötzlich beginnt dein Spiegelbild
mit dir zu sprechen:
„Wach auf," sagt es.
„Wach auf und entdecke dich!"

Glaubst du
im WINTER
an den
Frühling?

Die Erde bebt und der Himmel verdunkelt sich.
Du bist allein. Du weißt nichts von dem Stern,
der auf der anderen Seite für dich leuchtet.
Du hast keine Hilfe und keine Landkarte.
Es gibt keinen anderen Weg, als den,
darauf zu vertrauen,
dass die aufkeimende Kraft der Erde
alles ans Licht bringt.

Was
umgibt
dich
?

bist Du ein Geschöpf Gottes ?

bist
du
unabhängig
?

"Und glaube mir,
jeder Schmerz bekommt früher
oder später die Gelegenheit,
sich in Liebe zu verwandeln."

Dragon Heart

hörst

Du

Musik

?

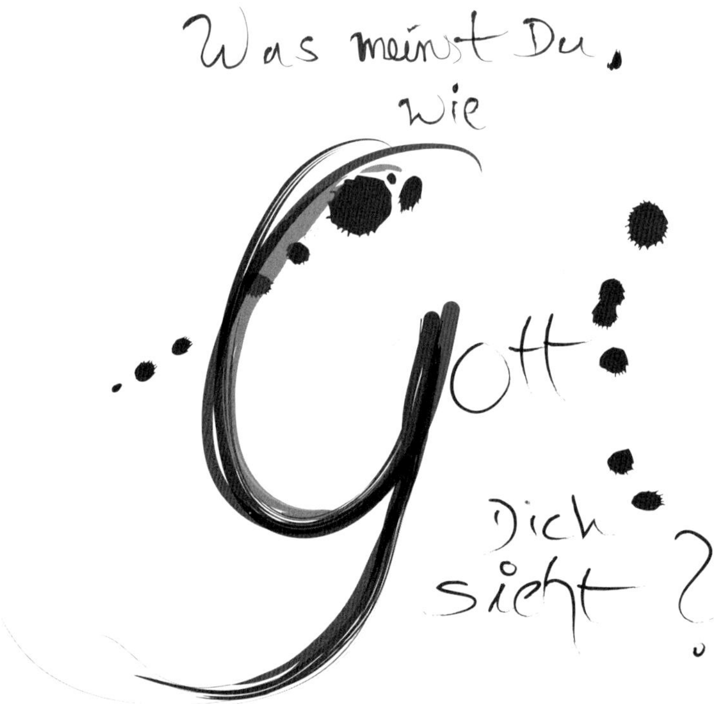
Was meinst Du,
wie
Gott
Dich
sieht?

WAS LENKT DICH AB ?

Die Blüte der Pfingstrose schimmert in allen erdenklichen Rot- und Violetttönen in der warmen Frühlingssonne. Gestern war sie noch Knospe, heute hat sie sich geöffnet, ohne irgendjemanden um Erlaubnis zu fragen.

Wer ist für dich da ?

erinnerst du dich?

erinnerst du dich?

traust
du
dich
?